Markus Gründhammer

SONNE ÜBER DEN WOLKEN

Extremwanderungen und abenteuerliche
Gleitschirmflüge in den Stubaier Alpen

Die Pracht der Berge – auch in der Nacht

Berenkamp

Markus
Gründhammer

SONNE ÜBER DEN WOLKEN

Extremwanderungen und abenteuerliche Gleitschirmflüge in den Stubaier Alpen

Die Pracht der Berge – auch in der Nacht

Berenkamp

Berenkamp

Berenkamp Buch- und Kunstverlag
Wattens–Wien
www.berenkamp-verlag.at
ISBN 978-3-85093-297-4

Bibliographische Information der Deutschen Bibliothek
Die Deutsche Bibliothek verzeichnet diese Publikation in der Deutschen Nationalbibliographie;
detaillierte bibliographische Daten sind im Internet über
http://dnb.ddb.de abrufbar

VORWORT

Immer wenn es mir möglich ist, packe ich meine Ausrüstung zusammen – Schlafsack, Kamera, Gleitschirm und natürlich eine kleine Jause – und mache mich auf den Weg in die Berge. Dort oben, in dieser einzigartigen Natur, verweile ich dann und genieße die Ruhe. Der Sonnenuntergang und die Lichter der Nacht, die im Tal leuchten, ermöglichen mir, eindrucksvolle und außergewöhnliche Fotos zu schießen. Dann freue ich mich auf den Sonnenaufgang, um mit dem Gleitschirm in der Ruhe der frühen Morgenstunden ins Tal zu schweben. Das ist die größte Freiheit, die ich mir vorstellen kann.

Auf meinen Extremwanderungen zum Gipfel schäle ich mich aus der normalen Welt wie ein Falter aus dem Kokon und sauge mit allen Sinnen die Reinheit, Klarheit und Schroffheit der Berge auf. Auf dem Gipfel belohnt mich innere Ruhe, die mich mit dem Berg eins werden lässt. Ich atme dünne und frische Luft, bewundere die Landschaft, bläulich schimmernde Gletscherflächen und die Farben des Himmels, spüre den Wind an Nase und Kleidung. Jeder Sonnenuntergang, jede kristallklare Nacht, der freie Blick zu den Sternen und das langsame Tageserwachen sind gewaltige Erlebnisse. Ich fühle mich eins mit der Natur. Mit der Kamera versuche ich, diese Gefühle einzufangen. Die Einheit des Berges mit Körper und Geist.

Wenn die Sonne erwacht, ist der „Skyman" fertig zum Flug vom Gipfel, er küsst mit seinem Schatten den Berg, bevor er allein oder mit Freunden ins Tal taucht – wissend, bald wieder zu kommen, weil ihm die Berge ermöglichen, das Leben zu „entschleunigen" und mehr Ruhe für die Hektik des Alltags zu gewinnen.

Dieses Buch zeigt, warum ich selbst bei widrigsten Wetterbedingungen mit meiner Kamera nächtelang unterwegs und unermüdlich am Fotografieren bin. Es ist mir zur Leidenschaft geworden, meine „hike & fly"-Touren so zu dokumentieren, dass auch die Menschen im Tal die Schönheit der Natur im Wechselspiel mit den Lichtern der Stadt miterleben können. Was ich in den vielen Nächten auf den Bergen sehen, erleben und fühlen darf, möchte ich mit den Betrachtern meiner Bilder teilen. Es ist mir eine Lebensart geworden, die ich nicht mehr missen möchte und mit Freunden teilen will. Viel Spaß daher beim Betrachten der „wahnsinnig schönen" Bilder. Wir sollten alle dankbar dafür sein, in einem so herrlichen Land leben zu dürfen. Wer dankbar ist, wird mehr bereit sein beizutragen, die Schönheit der Natur zu erhalten. Und das, liebe Leute, ist mein allergrößter Wunsch.

Markus Gründhammer
Herbst 2012

DIE EINSAMKEIT UND DIE STILLE DER NACHT

dort oben lassen mich zur Ruhe kommen, machen mich dankbar für die Annehmlichkeiten, die ich unten im Tal in meinem anderen Leben habe: Familie, Kinder, Gesundheit, ein warmes Daheim.

Der Tag kriecht in die Berge, im Tal spürt man noch nichts davon.

Klein ist der Mensch mitten in der Natur; Winterbiwak zwischen den Elferspitzen – ein Traum.

DIE EINSAME NACHT AUF DEM BERG

lässt mich erkennen, wie wenig man braucht, um zufrieden und glücklich zu sein.
Wenn jemand eine Nacht allein auf den Bergen verbringt, ist er am nächsten Tag ein anderer Mensch.

Winterbiwak zwischen den Elferspitzen

Blick zur Saile mit Venus am Sternenhimmel

Beim Aufstieg zum Wilden Freiger:
Thomas Ribis und Daniel Baumgartner

Gletscherbach – gesund ausschauen ist anders.

Kalt und alt – Gletschereis und Gletscherspalten

Das Becherhaus – ein Traumplatz über Fels und Eis

Beim Aufstieg zum Wilden Freiger – ziehende Nebel, schmelzende Geltscher

Hinterlassenschaft eines Gletschers

Wenn die Sonne untergeht in den Stubaier Bergen …

Wenn der Mond scheint in den Stubaier Bergen.

Die Morgensonne blinzelt in die Täler.

Mächtige Herren – Gschnitzer und Pflerscher Tribulaun

Ein Edelstein am Weg zum Habicht

Stolz und mächtig: Gschnitzer und Pflerscher Tribulaun, im Hintergrund die Südtiroler Dolomiten

Begegnung ohne Worte – ein Husky sucht die Freiheit.

IMMER WENN ICH IN DIE BERGE GEHE,
um die Nacht oben zu bleiben und Bilder zu machen, kommt eine intensive Ruhe in mir auf, die ich nirgendwo sonst spüre. Auf den Bergen erkenne ich, was wirklich wichtig ist in meinem Leben: meine Familie sowie Gesundheit und Zufriedenheit. Mehr braucht es nicht!

In Türkis und Rosa getaucht – der Himmel über dem Oberinn- und Sellraintal

Sonnenaufgang über der Kesselspitze

Sonnenstrahlen und Wolkenkulissen im Stubai

Im Oberland braut sich etwas zusammen.

Bald wird es dunkel im Oberland.

Zwischen den Gewalten der Natur – in solchen Momenten spürt der Mensch, dass er nur geduldet ist auf diesem Planeten.

Vom Wilden Freiger aus. Die Wolkendecke hat sich geschlossen, die Nacht nähert sich in langsamen Schritten.

Leo Rauch klettert um ein Uhr nachts bei Vollmond auf den Elferspitzen.

Hochnebel über Innsbruck, darüber ein Himmel voller Sterne

Geradezu mystisch: der Vollmond und die ziehenden Wolken

Vollmond zwischen Wolken in blauer Morgenstimmung

Reste eines Schneefelds vom Winter. Der Sommer wird auch ihm Beine machen.

Winterbiwak am Elfer. Manchmal ist es wichtig, allein zu sein.

Der Admiral genießt die Wärme der Sonne.

... wenn die Nebel ziehen

über Mieders ins Wipptal hinaus und zum Patscherkofel hinüber

Von Mieders aus Richtung Nordkette – wie aus einer anderen Welt

Innsbruck brennt; leichter Nebel verstärkt das Leuchten der Stadt.

Innsbruck von der Nordkette aus

„Skyman" – dieses Bild hat mein Freund Emanuel Angermair gemacht, als wir zusammen auf der Saile die Nacht verbrachten.

Biwak der Superlative auf der Serles – einen gewaltigeren Schlafplatz gibt es nicht.

Das Geheimnis dieses Bildes: den Polarstern fixieren und den Verschluss der Kamera offen lassen, bis die Sterne die Erddrehung anzeigen; die Kunst dabei ist, Innsbruck im Hochnebel nicht zu hell werden zu lassen.

Nebelmeer über dem Oberland, darunter die beleuchtete Stadt, der Sternenhimmel darüber lässt die Stimmung außerirdisch scheinen.

WENN ICH MANCHMAL FREUNDE MITNEHME

auf so ein Abenteuer und wir die Nacht oben verbringen, reden wir oft über das, was ein Mensch unten im Tal wichtig und aufregend findet. Dabei haben wir uns noch immer darauf geeinigt, dass die „in der anderen Welt" unter „wichtig und aufregend" etwas ganz anderes meinen als wir. Es ist fast nichts so wichtig, wie es im ersten Moment scheint. Das habe ich in den Bergen gelernt.

Von der Kesselspitze aus gesehen: ein kleines Gewitter im Westen von Innsbruck, auf den Gipfeln rundum Bergfeuer und auf der Serles ein brennendes Kreuz

Hochwetter auf der Serles. Fünfzig Meter unter dem Gipfel schlägt der Blitz ein.

Blitze fetzen durch die dunkle Nacht.

Gewitter über dem Stubai

Skyman-Gleitschirme im Stubaier Himmel

Die Kalkkögel der Stubaier Alpen, eines der schönsten Ruhegebiete in Tirol

Habicht Nordwand kurz vor Sonnenuntergang; im Hintergrung das schon dunkle Stubai

Eines meiner Lieblingsbilder. Fast eine Stunde habe ich darauf gewartet, dass nur mehr die Gipfel der Stubaier Alpen in der Sonne standen.

Die hinter den Wolken untergehende Sonne
zaubert eine mystische Stimmung in den Himmel.

Sterne über und Schnee auf den Kalkkögeln:
Eine kalte Nacht kündet sich an.

Wolken, Sterne und das Tal leuchten durch das Gipfelkreuz der Kesselspitze.

Blick ins Unterinntal; Innsbruck ist bereits frei vom Nebel, über dem sich kurz vor dem Sonnenaufgang der Tag ankündigt.

Kurz nach Sonnenuntergang: traumhafte Aussicht auf Zuckerhütl, Wilder Pfaff und Wilder Freiger

In Innsbruck erlöschen langsam die Lichter der Nacht, ein neuer Tag beginnt.

Wasser im Plövner Loch, leise wie Seide

Gut verpackt

Tiroler Kreuz und Herrgott

Der Sonne entgegen – auch im Winter (auf dem Weg zum Serlesjöchl)

Die Kalkkögel im Nebel

Die Serles im Winter – ein wahrer König

Ein Baum in der Sonne.
Kurz danach tobte ein Unwetter.

Aus dem Sellrain: Wolkenvorhang kurz vor Sonnenuntergang

Innsbruck unter einer Nebeldecke – ein nächtliches Naturschauspiel, wie man es nur sehr selten erlebt.

Über den Kalkkögeln drohen die Wetter.

Das Menschlein und die Lichtermeere

Nach einer Kaltfront. Ich hatte das Glück, genau in der Höhe zu sein, dass ich zwischen den beiden Wolkendecken Richtung Innsbruck fotografieren konnte – nach einer Stunde war alles wieder zu, und es regnete die ganze Nacht.

Sonnenaufgang überm Patscherkofel

Saharastaub und Sturm in der Luft:
Der Himmel über dem Stubai brennt.

Silvesternacht in einem Schneeloch hoch droben am Berg;
im Tal Festbeleuchtung

NICHT DIE LEISTUNG ZÄHLT,
die du am Berg vollbringst, sondern die Freude, die du dabei empfindest.
Was ich in der Natur erlebe, fühle und empfinde, erfüllt mich mit Dankbarkeit und Demut.

Nach einem Gewitter – Wolkenstimmung am Speichersee

Fünf Uhr früh, minus 20 Grad, eisiger Wind – der Tag bricht an. Innsbruck leuchtet durch die Nebeldecke, dass man meint, sie brennt.

Blick vom Patscherkofel

Die Nacht bricht herein; rechts das Unterinntal, links das Oberinntal – und ich in der Mitt'n.

Auf dem Gschnitzer Tribulaun kurz vor Sonnenaufgang – wie auf einem anderen Stern

Alles rot und gelb: prächtiger Sonnenaufgang im Unterinntal

Kurz bevor die Sonne durchkommt, leuchtet alles wie Feuer in Richtung Sellrain.

Ein „Wahnsinn"-Sonnenaufgang

Zu ebener Erd' die Stadt, im Obergeschoß der Sternenhimmel – und dazwischen eine dicke Nebeldecke

Innsbruck bei Nacht

Sonnenuntergang über dem Nebelmeer

Auf dem Wilden Freiger kurz vor Sonnenaufgang – ein Nebelmeer, wie man es wahrscheinlich nur einmal erleben darf auf so einem Berg.

Wer hat dem Himmel die Farben geschenkt?

Mit 20 Kilo Gepäck auf dem Rücken in aller Herrgotts Früh hoch über den Wolken des Stubai. Es war ein Traum, und es bleibt nur ganz wenigen vorbehalten, solche Flüge zu erleben.

Sonnenaufgang über den Wolken: Morgenflug mit meinem „Skyman"-Schirm

Von gemütlich und warm keine Rede – minus 20 Grad, Wind mit 80 kmh. Trotzdem freut mich die Art, wie ich meine Bilder schieße.

Der Weg zum Startplatz ist schon wegen der Ausrüstung – meistens gut 25 Kilo – oft beschwerlich und hart. Das Glücksgefühl beim Flug macht alles vergessen.

Start am Wilden Freiger bei traumhaftem Wetter und schwierigen Flugbedingungen. Der Flug wird mir unvergesslich bleiben: Start bei Nordwind 50 kmh, sehr starken Turbulenzen in der Luft, aber mein Schirm bringt mich sicher ins Tal.

Mein 2,1 Kilo leichter Skyman-Paragleiter, den ich nur für meine Bergabenteuer konstruiert habe (hier auf der Kleinen Ochsenwand)

Mit 25 Kilo steile Nordwände zu erklimmen, ist so ziemlich das Härteste, was ich bisher gemacht habe.

Mit Siegfried Krainer am Seil auf die Wildspitze – eine unserer schönsten Touren überhaupt

Unvergessliche Momente: die etwas härteren Aktionen – mit Freund Siegfried Krainer auf Gletschertour

Der Start am Morgen ist immer der Wahnsinn.

Startvorbereitung auf dem Gletscher der Ruderhofspitze

Dort unten in Fulpmes bin ich daheim. Da lass' ich gern die Beine locker.

SOLANGE ICH GEHEN KANN,
werde ich an meinen „Platzln“ die Nacht verbringen,
ins Tal hinunter und in den Himmel hineinschauen
und am Morgen mit dem Gleitschirm zufrieden ins Tal schweben.

In der Luft von der Ruderhofspitze ins Tal. Die Landung wird eher spannend werden mit Steigeisen an den Füßen.

Die Elferspitze

Gletschereis am Wilden Freiger, eines der schönsten Tiroler Gletschergebiete, die ich kenne.

Auf dem Weg zur Kesselspitze die letzten Sonnenstrahlen einfangen

Blick zur Roten Wand und Serles

Wunderbar zart und frisch

Stille Schmucksteine: Silberwurz…

… und Mehlprimel

Der Speichersee im Sommerkleid

Zerfallene Hütte

Die ausgesetzt im Gletschergebiet stehende Müllerhütte

Das Becherhaus

Eine Hütte irgendwo

Alter Stadel im Sturm

Frei wie ein Vogel. Mit dem Paragleiter fliegen, wann immer ich will, das ist ein Traum, der nie vergeht.

Nichts als Sonne oben; unten aber Nebel, Nebel, nichts als Nebel

Telfer Berg Richtung Fulpmes

Bergfeuer, von der Kesselspitze aus: auf der Serles ein Kreuz

AUCH BEI UNS WISSEN NUR WENIGE,

wie wunderschön es dort oben in der Nacht sein kann.
Aber vielleicht ist das für die Natur besser so.

Ich lag ein paar Meter entfernt von meinen Freunden im Schlafsack.
Als sie Licht in ihrem Zelt machten, schoss ich dieses stimmungsvolle Bild.

Gipfelkreuz Schlick 2000 – einzigartig, kunstvoll

Sanft und zart: das Gipfelkreuz auf der Saile in einem besonderen Licht

Allein. Auf dem Habicht. Ein Biwak der Sonderklasse. Es gibt Momente, die man nie mehr vergisst.

Verschneites Gipfelkreuz am Telfer Berg

Gipfelkreuz auf der Saile – und immer sieht das Kreuz anders aus.

Wolkenspiel auf der Marchreisenspitze bei Föhnsturm (mehr als 100 kmh)

Auf der Serles; über mir der Himmel voller Sterne und ein Leuchten überall, wie ich es selten erlebte.

Milchstraße über dem Stubaier Gletscher; aufgenommen vom Habicht aus um drei Uhr früh

Sonnenaufgang über dem Patscherkofel

Jetzt ist sie da, die Sonne. Jetzt heißt es warten, bis die Wolken aufreißen – und dann ab mit dem Paragleiter ins Tal (besser als ein Lottogewinn).

Von der Nordkette aus: Sonnenaufgang überm Wolkenmeer

Sonnenaufgang am Speichersee

Kalter Winter, leichter Schneefall, ziehende Nebel – allein auf dem Weg zur Kesselspitze

Blick von der Elferspitze Richtung Südtirol

Elferspitze Richtung Süden

„Dort beim Felsen unten zwischen den Elferspitzen werd' ich heut' mein Nachtlager aufschlagen."

WO WIR LEBEN (DÜRFEN),

braucht man höchstens zwei Stunden zum Einklang mit der Natur. Man sollte sich diese Zeit öfter gönnen.

Eine „Gams" – was sonst?

Schafe im Nebel

Beim Aufbauen des Lagers für die Nacht habe ich eine Menge Zuschauer.

Geschorene Schafe – und von drüben grüßt der Winter.

Da sitzt das „Mandl" und denkt nach über alles. Droben auf den Bergen komm' ich ins Reine mit mir, da hab' ich Zeit, über alles nachzudenken und Entscheidungen zu treffen – ohne Hektik und Stress.

Biwak auf dem Wilden Freiger hoch über dem Stubai. Mit einem derart gewaltigen Ausblick auf ein Nebelmeer aufzuwachen, ist nur wenigen Menschen gegönnt.

Zärtliche Wolkenstimmung im Oberland

Der Nebel schleicht zwischen die Bäume, die Sonne geht auf – und ich bin längst oben auf den Bergen.

Zwischen den Felstürmen hindurch

Warum ist der Schnee so schmutzig? Gletscherspalten im Bereich Wilder Freiger

Pinnistal mit Kirchdachspitze

Die Elferspitzen. „Da muss ich heut' noch hinauf!"

Kurz vor Sonnenuntergang ein Blick zur Serles

Seltenes Naturschauspiel: Regenbogen – Blick zur Nockspitze und weiter ins Unterinntal

Auf dem Weg zur Marchreisenspitze

Die letzten Sonnenstrahlen auf Elfer und Zwölfer

Vollmond in Wolken über dem Hohen Burgstall

Gleich kommt er hervor hinter den Bergen – der Vollmond.

Der Vollmond lugt zwischen den Felsen hindurch.

Rechts macht sich die Front davon, wieder blauer Himmel über der beleuchteten Schlick-Bergstation; links tobt noch das Gewitter.

Nebel und das Leuchten der Stadt – ein opulentes Farbenspiel

Alles blau – und dann öffnet sich der Hochnebel doch noch für einen kurzen Blick ins Tal.

Der Himmel noch blau, obwohl die Nacht schon hereinbricht; aus dem Stubai Richtung Innsbruck.

UM GLÜCKLICH UND ZUFRIEDEN ZU SEIN,

braucht der Mensch nicht viel: einen Menschen, mit dem er reden kann, einen Platz, an dem er Ruhe findet, heißen Tee, ein Stückchen Brot und einen warmen Schlafsack. Um glücklich und zufrieden zu sein, braucht der Mensch nicht viel! Aber wer sagt einem das schon in unserer hektischen Zeit?

„Gemütliches" Winterlager bei Sturm und minus 15 Grad – gut ausgerüstet kein Problem

Das Originalbild meines „Skyman“-Logos, das meine Gleitschirmmarke repräsentiert. Entstanden ist das Bild auf dem Gipfel der Kesselspitze mitten in der Nacht.

Klein ist der Mensch mitten in der Natur; Winterbiwak zwischen den Elferspitzen – ein Traum.

Lagerfeuer

Fulpmes bei Nacht (und aus der Luft)

Im Plövner Loch

Wasser ist wild und rein.

Unwetter beim Speichersee. Für die Nacht waren schwere Gewitter angesagt. Eine Gelegenheit, endlich zu den lange gewünschten Bildern zu kommen. Freund Thomas Ribis und ich beschlossen, die Nacht dort oben zu verbringen – es wurde ein unvergessliches Erlebnis. Es war mit Sicherheit aber nicht ganz ungefährlich, dieses Bild in den Kasten zu bringen.

Gletschersee an der Hochmoosscharte Richtung Ruderhofspitze Nordwand

Winterlandschaft Stubai, vom Patscherkofel aus fotografiert

Nebelmeer im Inntal, von der Rumer Spitze aus

Wilder Freiger und sein Gletscher

So sieht der Paragleiter Fulpmes von oben; auf beiden Talseiten noch Nebelfetzen, die kurz vorher noch eine geschlossene Decke gebildet haben.

Es ist noch früh, aber der Tag meldet sich schon: Morgenrot über dem Patscherkofel.

Der Tag bricht an, und Hochnebel, wohin man schaut.

Die Kalkkögel in ihrer ganzen Schönheit

Flugaufnahme von hoch über der Ruderhofspitze Nordwand. Zwei Tage später bin ich mit einem Freund zur Ruderhofspitze aufgestiegen und von dort mit dem Gleitschirm gestartet.

Der große Habicht im Schnee

Flugaufnahme über mehrere Gletscher der Stubaier Alpen – ein „Wahnsinn"

JEDER SUCHT NACH DEM SINN DES LEBENS

– und ahnt nicht, dass dieser vor der Haustür liegt!
Man muss nur bereit sein, die Tür aufzumachen.

Ku[illegible] nach Sonnenuntergang am Wilden Freiger

Sogar dem Wasserfall ist kalt.

Auch eine Regentour bringt mir schöne Momente zum Innehalten und Genießen.

Wolken ziehen – warten, wie das Wetter wird.

Stimmung bei sehr labilen Wetterverhältnissen

Manchmal starte ich über ein Wolkenmeer in den Morgen hinein; diese Aufnahme von der Saile aus verdanke ich Emanuel Angermeier.

So sieht unser Lager aus, bevor die Nacht hereinbricht.

Stefan Jägert genießt die Ruhe am Gschnitzer Tribulaun.

Winterbiwak bei minus 20 Grad – nicht gerade warm und gemütlich, aber immer wieder wunderschön.
In solchen Lagen spür' ich mich, da weiß ich, dass ich lebe.

Nach einer kalten, verregneten Nacht lichtet sich kurz der Nebel.

WENN ICH AUF DEM GIPFEL ANGEKOMMEN BIN UND WEISS, erst am nächsten Morgen wieder ins Tal zu müssen, schafft das grenzenlose Zufriedenheit. Auf den Bergen erkenne ich, was wirklich wichtig ist in meinem Leben: meine Familie sowie Gesundheit und Zufriedenheit. Mehr braucht es nicht!

Über dem Nebelmeer im Inntal die Hohe Munde mit den Leutascher Alpen

Für mich Inbegriff von Freiheit, Loslassen, Lebensfreude – alles spüre ich, wenn ich draußen bin.

Eine besondere Farben- und Wolkenstimmung

Auf dem Weg zur Ruderhofspitze, auf der anderen Talseite Zuckerhütl und Wilder Pfaff im Licht der aufgehenden Sonne

Der Stubaier „Berggeist" auf der Plattform der Schlick 2000

ICH HABE VIEL ERREICHT IM LEBEN,

viel gearbeitet, oft sieben Tage in der Woche. Seit ich die Berge als meine stillen Freunde entdeckt habe, weiß ich, dass Ziele auch langsamer und anders erreichbar sind.

ES MUSS NICHT IMMER DER HÖCHSTE
oder anstrengendste Weg sein, der mich zufrieden mit mir selber macht und mich Ruhe finden lässt. Manchmal fahre ich mit dem Lift oder mit der Seilbahn in die Höh' – auch das ist keine Schande! Die schönsten Touren sind nicht die, bei denen ich ans Limit gehen muss. Auch der gemütliche Wanderer erreicht zufrieden sein Ziel.

Am Speichersee – so schön ist es im Stubai.

HORCHTS ZUA

Markus Gründhammer ist getrieben von der Passion, auf Berge zu klettern und bei Sonnenaufgang vom Gipfel loszufliegen. Dafür musste ein maßgeschneiderter Gleitschirm entstehen, um das Risiko bei solchen Extremtouren so kalkulierbar wie möglich zu halten. Markus wollte die „ultimative Bergmaschine" – und er baute sie: Der „Hans", der in der 25m²-Version sensationelle 3,4 Kilogramm wiegt, ist der neue Schirm der Marke „Skyman": leicht und klein zu verstauen, er hat außergewöhnliche Kurzstarteigenschaften und bietet die größmögliche Gleitleistung. Die speziell dafür entwickelten D10-Leichttücher machen es möglich.

Informationen:

„Wings Of Change", Markus Gründhammer, Waldrasterstrasse 6b, A–6166 Fulpmes
Tel: 0043-(0)5225-64830
Mail: wings-of-change@aon.at
Web: www.skyman.aero.at

„REINHOLD“

„Reinhold“ ist die Symbiose aus flächenreduziertem Gleitschirm und aufskaliertem Speedglider. Er vereint mit seiner Bauweise deren Vorteile (gutes Gleiten und Geschwindigkeit). Während großen Speedflyern gegen den Wind die Puste ausgeht und Mini-Gleitschirme in Böen nervös werden, setzt „Reinhold“ eisern seinen Drang nach vorn durch – und das bei nur 2,3 kg Gewicht!

Die Verschmelzung aus Gleitschirm und Speedflyer machen „Reinhold“ bis 75 kmh schnell bei gleichzeitig guten Gleiteigenschaften. „Reinhold“ fliegt schneller als Mini-Gleitschirme; seine Leistung liegt deutlich über jener eines Mountain-Speedflyers. Dieser Leistungsvorteil ist vor allem dann von Interesse, wenn nach dem Gipfelsieg ein langes Tal zum Hinausgleiten wartet.

Markus Gründhammer hat „Reinhold“ bei Winden von mehr als 60 kmh im hochalpinen Einsatz getestet. „Reinhold“ ist stabil gegen Klapper, kontrollierbar wie ein Gleitschirm und schnell wie ein Speedflyer. Dennoch setzt der Flügel hohes fliegerisches Können voraus. Durch seine Fläche von 15,8 m² reagiert der Flügel dynamisch auf Einflüsse und Störungen. „Reinhold“ ist wie die Berge, die damit bestiegen werden können: Wer rauf will, muss wissen, was er tut!

„Reinhold“ beeindrucken weder Starkwind noch ausgesetzte Startplätze. Er ist der Schirm mit dem wohl breitesten Einsatzbereich unter den Bergsport-Flügeln. „Reinhold“ ist die Vollendung eines Traums und der Eintritt in eine neue Klasse des Fliegens.

Superleichtes Tuchmaterial, wettkampferprobte Leinen, Tragegurte aus Dyneema, Rollen von Austrialpin, Softlinks statt Metallschäkel: „Reinhold“ ist das Zusammenspiel aus den besten und teuersten Materialien, die am Markt erhältlich sind. „Bergsteiger brauchen Material, das unter widrigsten Bedingungen den Einsatz nicht scheut.“ (Markus Gründhammer)

„REINHOLD II"

Gute Bergpiloten sind fit, haben ausreichend Erfahrung und können die Gefahren in den Bergen, vor allem aber sich selbst und das eigene Leistungsvermögen, gut einschätzen. Genau das ist wichtig, um den Spezialschirm „Reinhold II" fliegen zu können. Dieser Schirm wurde nur für wahre Spezialisten entwickelt und konstruiert. „Reinhold II" fliegt in einem Bereich von etwa 58 kmh Groundspeed und 80 kmh Fullspeed. Wegen dieses enormen Geschwindigkeitsbereichs ist nur erfahrenen Gleitschirmpiloten möglich, auch bei Winden zu starten, bei denen für gewöhnliche Bergsteigerschirme keine Chance mehr besteht, sicher abzuheben.

„Reinhold II" wurde von Markus „the Skyman" Gründhammer persönlich immer wieder in der Praxis getestet und verbessert. Noch leichter (genau 2,1 kg), noch schneller, noch stabiler und noch mehr Leistung – das ist der neue „Reinhold II". Er ist kein Massenprodukt, nur ausgewählte Piloten werden diesen extremen Flügel fliegen und erhalten (unter der Voraussetzung, vorher eine strenge und genaue Begutachtung zu durchlaufen).
„Reinhold II" ist eine Weiterentwicklung des bereits legendären „Reinhold", der nun bereits über drei Jahre lang alle Berg-Abenteuer des „Skyman" bravourös gemeistert hat. In all den extremen Starts und Touren wurde nicht ein einziges Sicherheitsproblem festgestellt. Deshalb ist „Reinhold II" Markus Gründhammers Partner am Berg. „Reinhold II" ist der Spezialist, der nur von Spezialisten geflogen werden kann.
Habe die Ehre!

„THE ROCK“

Nach zwei Jahren Entwicklungszeit ist es an der Zeit, das Bergsteigersegment zu ergänzen mit einem Extremleichtbauschirm und Zulassung nach EN-Norm, gedacht für den Jedermannpiloten mit LTF-Zulassung. Durch die extrem kurzen Leinen und die Kappe unter 4 kg (bei 26,5 m²) bzw. bis unter 3 kg für die kleineren Größen startet der „The Rock“ fast wie von allein. Das neue Thermikprofil steigt nicht nur sehr gut in Thermik, sondern gleitet auch weit besser als z. B. ein „Reinhold“. „The Rock“ ist Extremleichtbau fürs tägliche Fliegen – für Piloten ohne Bergsteiger-Ambitionen also, die kleines Packmaß wollen und trotzdem normal Thermik fliegen wollen, und für die Bergprofis unter den Piloten, die es so leicht wie möglich haben wollen. „The Rock“ ist ein Leichtbauschirm, der keine Wünsche offen lässt – mit maximaler Sicherheit, bester Leistung, extrem geringem Gewicht und bester Verarbeitungsqualität. „So schaut's aus!“

SKYMAN